Mon océan de mots

Manon Mayor

Édition : BoD – Books on Demand,
12/14 rond-point des Champs-Élysées, 75008 Paris.

Impression : BoD - Books on Demand, Norderstedt, Allemagne

ISBN 9782322391431

Dépôt légal : Février 2022

Chapitre 1 :

Chavirer

Cap Amour s'il vous plaît !

Mon exception

- Et si un jour elle décide de partir ? Tu lui en voudrais ?

- Non.

- Pourquoi ?

- Parce qu'elle est exceptionnelle, tout est exceptionnel chez elle.
Ses yeux, son corps, son rire, sa folie,
sa façon de croire que rien ne peut l'atteindre,
alors qu'elle peut s'écrouler en une seule seconde,
sa façon qu'elle a de vouloir affronter le monde à bout de ses petits bras,
l'impression qu'elle te donne de s'en foutre de tout et d'aimer personne
alors qu'elle a le cœur qui déborde d'amour.
Mais regarde-la, elle pue l'amour, elle pue le bonheur.
Regarde-la même si elle s'en va, elle a chamboulé toute une vie,
elle a chamboulé ma vie.

Te suivre

Fuis-moi, je te fuis
Suis-moi, je te suis !

Perte de vue

Tu m'as troublé.
Tellement troublé,
que même le sang dans mes veines s'est figé.

L'amour idéal

♡

Je pense qu'il n'y a pas d'amour idéal.
Je pense qu'on peut aimer quelqu'un à mourir,
comme on peut lui porter un amour volatil.
Je pense qu'on peut avoir le coup de foudre,
comme je pense qu'on peut mettre une éternité à aimer.
Je pense qu'il n'y a pas de règles en amour,
il faut juste choisir la bonne personne
avec qui les transgresser.
Et je pense surtout que c'est une folie de renoncer
à l'amour parce qu'une fois il t'a brisé.

Per tougiou

Tu en aimeras une autre et j'en aimerais un autre.
Mais ton coeur et mon coeur, ne s'oublieront jamais.

Réveille-moi

Frappe-moi le cœur et fais-le fort !

L'issue

-Tu sais ça ne sera pas toujours facile d'être à ses côtés.

- Comment ça ?

- Tu devras affronter, une femme avec ses multitudes d'angoisses.
Affronter l'intensité de son stress qu'elle a parfois
du mal à contrôler.
Ses pulsions de colère qui fusent à une rapidité extrême.
Son côté maniaque et son perfectionnisme.
Mais si tu gagnes son cœur, tu auras tout gagné.

- Qu'est-ce que j'ai à y gagner ?

- Son amour sans limite.
Tu sais, elle est un soleil à qui il arrive parfois de traverser
quelques tempêtes mais pour les braver,
il faudra qu'elle affronte ses démons.
Toi, tu seras son unique issue, son unique échappatoire.

Pile ou face?

Je suis le feu, tu es la glace.
Je suis le yin, tu es le yang.
Je suis la tempête et toi le naufrage.
Je suis le pile, tu es mon face.

La Mer

Je suis tombé amoureuse de la mer,
la vie est beaucoup moins rassurante sur terre.
Ensorcelé depuis que je suis une enfant,
j'y ai plongé tête la première dedans.
Fasciné devant la douceur de cette immensité qui n'appelle
qu'au calme et à la sérénité.
Abandonnant mon âme, elle m'a promis fidélité.
C'est dans la beauté de ses profondeurs,
que je lui ai ouvert mon cœur.

Superficie

Tu imagines la taille de tous les océans du monde réunis ?
Et bien je t'aime comme ça, démesurément.

L'overdose

Ton prénom ? Amour
Je n'ai plus que ça à la bouche,
Amour par ci, amour par là.
Tu m'en donnes tellement que je ne sais même plus
si je le mérite vraiment.
Obsédé par ton visage, ta bouche,
de tes mains sur mon corps qui me touchent.
C'est l'extase à l'état pur, l'overdose.
Amour je suis dépendante, je suis tout à toi,
je te donne tout de moi.

16h00

La saveur de ta peau au bord des lèvres.

Ma folie

Je n'ai pas eu peur de lâcher prise,
pas eu peur de tomber folle de toi en enlevant ta chemise.
Je n'ai pas eu peur d'écouter mon cœur,
pas eu peur de me dire que tu serais sûrement mon âme sœur.
C'est faux !
Je te mentirais si je te disais que je n'ai pas eu peur de tout ça.
Moi je suis ce genre de fille là,
pour protéger mon cœur je peux te construire la Muraille de Chine,
reconstruire le Mur de Berlin, alors imagine.
Puis tu m'as donné ta confiance,
c'était pour moi comme une évidence.
J'ai tout abattu, la muraille, le mur,
pour vivre notre folle aventure.

Organes

J'avais espéré quelque chose qui ressemble à toi.
Quelque chose qui te prenne aux tripes,
tu vois ?

Poisson dans l'eau

J'ai parfois pensé nager dans le bonheur,
alors que je n'ai jamais été aussi heureuse
qu'à ce moment précis.

Le choix

Elle était fascinante,
elle était de ces femmes dont les hommes ne pouvaient résister.
Elle brillait, elle brillait tellement, mais sa lumière l'aveuglait,
c'était sans doute ce qui la rendait d'autant plus belle.
Elle était si solitaire.
Et puis un jour parmi la foule, elle avait fini par le choisir lui.
Il était foutu, il le savait.
Elle l'avait choisi lui.

Piraterie

Il y avait dans la profondeur de ses yeux,
un océan qu'aucun marin n'avait su naviguer.
Elle son truc c'était les pirates.

N°1

7 milliards sur terre et toi,
tu respires le bonheur,
tu respires la vie
et tu inspires la mienne.

Beau bordel

C'est un mélange de bonheur et de déception,
d'égoïsme et de partage,
de mélodrame et de conte de fée.
Et tu pourras faire comme bon te semble,
tu ne pourras jamais le fuir.
Il reviendra constamment.
C'est de l'amour dont je te parle.
Le plus beau bordel de la vie, c'est lui.

Chico !

Nos yeux ne mentent pas,
ils se le sont déjà dit pour toi et moi.

Côté obscur

Il était si sombre et si mystérieux
que même les ténèbres à côté ne pouvaient l'égaler.
C'était ce côté de lui que j'aimais le plus,
car le mien était pire.

Bonheur

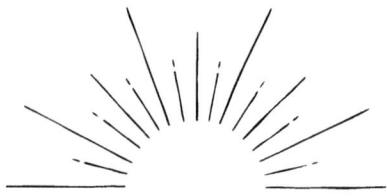

Le bonheur,

c'est ce petit truc qui te fait sourire bêtement à longueur de journée.
Ce sont ces personnes que tu as accepté de laisser entrer dans
ta vie pour éclairer ton chemin lorsque tu traverses la pénombre.
C'est d'accepter ce qui n'est plus.
Ouvrir les bras à ce qu'il nous est dû.
C'est d'essayer même si c'est prendre le risque d'échouer.
C'est de partager,
d'échanger ton regard sur le monde avec ceux qui t'entourent
C'est d'accepter les autres tels qu'ils sont et s'accepter soi-même.
Accepter qu'avant de trouver le bonheur,
il faut parfois se prendre des claques dans la gueule.

Te choisir

Il faut parfois prendre des décisions radicales dans la vie,
celle-ci a été ma plus belle.

Infinie

Et c'est quoi des mois, des années,
Quand on peut se promettre l'éternité.

Ta vie

L'aimer, l'aimer à la folie cette vie.
Elle est parfois déroutante, imprévisible, fracassante,
médisante, laborieuse, pénible,
surprenante, passionnante, époustouflante,
jouissive, paisible, précieuse, divine...
Alors écris-la, ta vie à toi.

Mère

Enfant de la Méditerranée, j'ai l'amour de l'eau.
Enivré à son contact sur ma peau.

Grand amour

Tu as étais mon plus beau voyage, ma destination rêvée.
La définition de l'amour c'est avec toi que je l'ai créée.
On s'est aimé si fort tu sais, jamais je ne l'oublierai.
Malgré les aléas de la vie,
c'est de la mienne dont tu as fait parti.
J'aurais toujours un peu de ton cœur,
dans mon cœur.

Elle

Elle est comme la douceur du vent qui caresse vos joues.
Une femme à qui vous pouvez promettre tout.
Au premier abord elle est de glace,
pour l'apprivoiser il vous faudra creuser à la surface.

Chapitre 2 :

Naufrage

Tempête à bâbord !

Larguer les amarres

Je n'ai qu'à t'offrir du bon temps, sans sentiment.
Mais toi tu pensais que j'allais te donner un avenir.
Foutaise mon amour !
Je ne suis qu'un illusionniste,
qui te fera croire à quel point tu es importante,
importante uniquement aux yeux des gens.
Moi je suis l'aveugle, l'aveugle de mes sentiments.
Et je te fuirai le jour où je verrais dans tes grands yeux
que tu ne jures que par les miens.
Oui je suis lâche, mais je préfère te dire aujourd'hui adieu
que d'avoir à affronter une tempête que je ne saurais braver.
Alors bon vent mon amour !

Choix du cœur

- Tu mérites mieux !
- Je ne voulais qu'elle.
Ce n'est pas une question de mérite,
C'est mon cœur qui l'avait choisi.

Bad boy

Ma jolie, balaye tes sentiments,
tout s'accélère surtout ton temps.
Bad boy dans l'âme,
persuadé que lui seul peut raviver ta flamme.
Baratineur, dragueur et manipulateur,
charmeur, joueur et provocateur.
Ma jolie on connaît déjà la suite,
loin de toi l'idée de prendre la fuite.
Toi, tu préfères te prendre un mur,
toi, tu préfères jouer la fille dure.

Noyade

Elle est comme la mer douce à regarder
mais tu peux vite t'y noyer.

La surface

Pourquoi lors d'une rupture,
nous avons l'impression que tout notre monde s'écroule ?
Non il ne s'est pas écroulé, il a juste commencé à créer un océan
si sombre et si profond qu'on a plongé la tête la première dedans.
Parce-que c'est toujours plus facile d'abandonner.
Mais vous savez ce qu'il y a de plus beau et de plus intense ?
C'est que de cet océan qui est le vôtre,
peu importe le temps que ça prendra,
vous remonterez toujours à la surface.

Séparés

Regarde-les !
Tous ces gens qui ont les cœurs qui s'aiment si fort
mais qui ne peuvent plus se toucher.

Le deuil

Dans mes nuits les plus sombres, j'ai vu ton visage.
Mon cœur, mon corps et ma tête,
tous fracassés par ton passage.
Où est la justice quand la vie à décidé de prendre un être que vous aimez ?
Qui décide de voler une vie ou de la laisser ?
Peu importe dans quel monde tu es et dans lequel je suis,
l'éternité est immense et notre amour l'est aussi.
Ainsi toutes les tempêtes du monde seront vaincues,
nos deux âmes séparées auront survécu.

Drama quoi ?

Si je n'aboie pas c'est que j'estime
ma fierté bien plus importante que l'intérêt que j'ai pour toi.

Dans la peau

T'avoir dans la peau, c'est comme l'alcool c'est bon au début,
puis ça te rend ivre et ça te donne vite mal à la tête.
T'avoir dans la peau, c'est comme une cicatrice,
ça fait mal et ce n'est jamais très beau à regarder.
T'avoir dans la peau, c'est comme avoir le tournis,
tu as envie de vomir et c'est tout ton cœur qui chavire.
Et on pourrait me scarifier la peau,
Il y aurait ton nom inscrit sur mes os.

Chapitre 3 :

Equipage

Oh matelots !

Mon héros

Je l'ai vu la première fois que j'ai ouvert les yeux,
coup de foudre instantané,
entre tes yeux de vipère et mes yeux d'amoureux,
nous promettant l'éternité.
Je n'ai pas de plus immense fierté que de porter ton nom,
d'une brique, tu m'as construit un château.
Tout cet amour que tu me donnes à foison,
toi qui sais rendre mon monde plus beau.
D'amour le plus pur, on s'aimera à l'infini.
Toi qui me connais par cœur sur le bout de tes 10 doigts,
je suis fière d'être ta fille,
mais je suis surtout fière quand on me dit que je suis toi.

Bienvenue

Chez nous, on s'aime et on se le dit !

Définition

ami, amie
nom
(latin amicus, amica)

1. Personne que tu as minutieusement choisi,
pour t'accompagner tout le long de ta vie,
qui connait la meilleure, comme la pire version de toi-même.
Avec qui tu rigoles à t'en faire mal l'abdomen.
Rebaptisé frère ou sœur,
ils sont ta famille de cœur.
Plus sincère est l'amitié,
plus prometteuse est la durée.
Et si je devais vous parler des miens,
sachez que ce sont les meilleurs que j'ai entre les mains.

Jolis défauts

On ne choisit pas sa famille dit-on.
Mais si j'avais pu, sans hésiter,
c'est la mienne que j'aurai choisi.
Elle et ses imperfections.

Lien du sang

Il n'y a pas de plus beau cadeau que peuvent faire des parents,
en donnant l'immense bonheur d'avoir une sœur, un frère,
une moitié qui partage le même sang.
Pas de plus beau cadeau que de les élever ensemble
et unis contre toutes les misères de la vie.
De grandir, se protéger et de s'aimer bien plus fort d'années en années.
Et même parfois on peut avoir deux, trois, quatre... moitiés.
C'est le gros lot, la cerise sur le gâteau !

Avoir la chance d'avoir deux moitiés,
Avoir deux cœurs dans mon cœur, mes frères.

Chapitre 4 :

Amarrage

Bienvenue à terre !

Chère Vie,

Je t'échange,
mes doutes contre ma confiance,
mes pleures contre mes rires,
mes angoisses contre mon indifférence,
mes peines contre mes sourires,
mon passé contre mon avenir,
ma colère contre ma sérénité.
Mais n'efface rien, je veux me souvenir, comment un jour
 j'ai su braver toutes les tempêtes que tu as semées.

Signe de terre

Même si je n'ai pas raison, tu auras toujours tort.

Paix & amour

Ce ne sont pas les religions qui divisent le monde,
mais bien l'humain lui-même.
Qu'importe vos croyances, votre religion,
nous sommes tous faits de chair, de sang
et nous respirons le même air.
Sachez garder votre cœur pur et bienveillant,
parce qu'il n'y a que l'amour et l'union qui pourront nous sauver.

Combat

Derrière chaque victoire se cachent mille défaites.

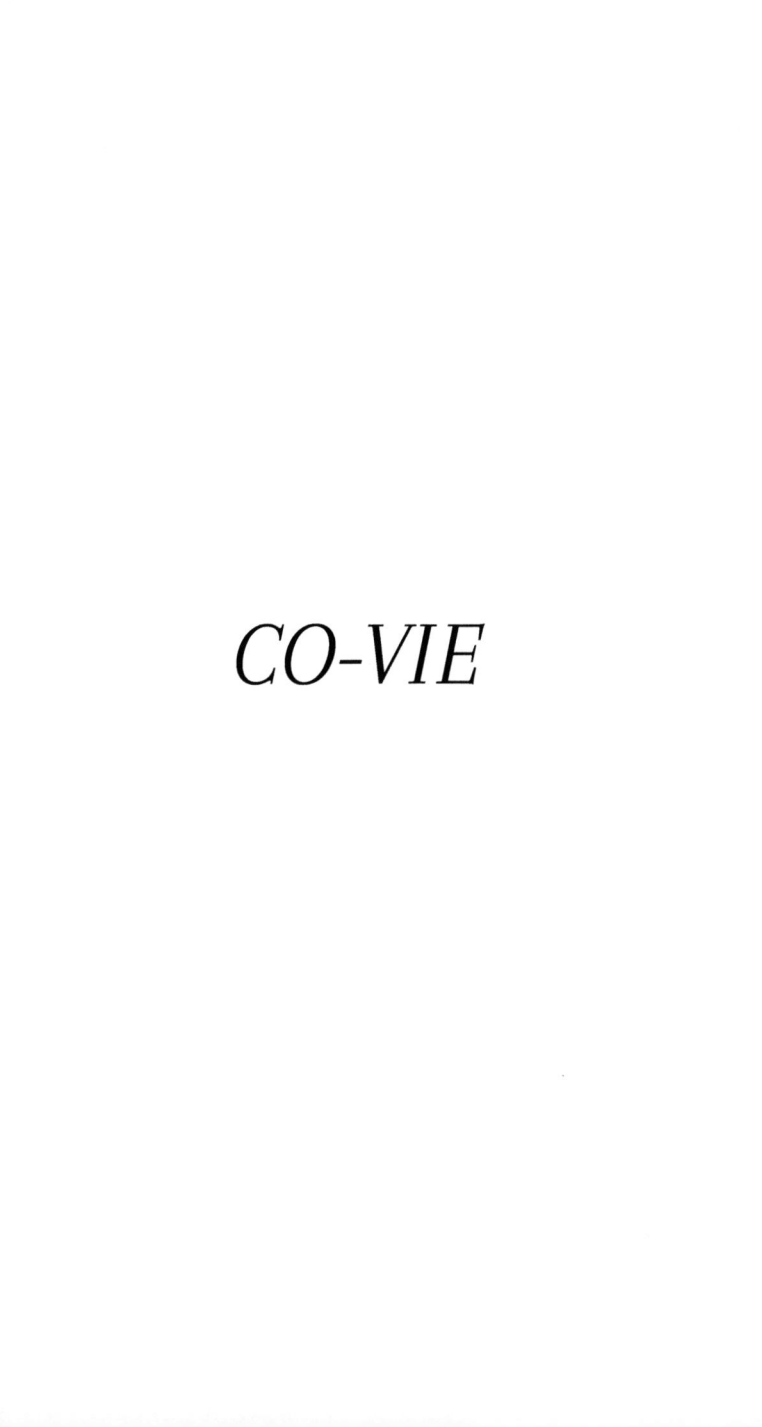

CO-VIE

Verre de Chardonnay à la main
Entouré des potes et potins,
Dixième cigarette à la douche,
3h du mat' l'heure habituelle à laquelle on se couche.
Plateau de fromage et charcuterie,
Plus on est, plus on rit !
Choisir de continuer notre soirée,
Tournée des bars, boîte ou ciné.
Petit week-end improvisé,
Pas de couvre-feu autorisé.
Bientôt un an que tu nous as volé notre liberté,
Foutu virus, quand vas-tu nous délivrer ?

Sa raison

-Tu dirais quoi à l'enfant que tu étais ?
-Et bien, je lui dirais que la vie ne sera pas toujours facile
on va souvent te dire d'écouter ton cœur,
alors que parfois il faudra écouter sa raison.

Reconnaissance

Je ne te promets pas que le travail fourni aujourd'hui payera demain.
Mais je te promets, qu'un jour ça payera.
N'abandonne jamais,
car ta plus belle arme, c'est ta persévérance.

En phase

Je suis devenue celle que j'avais toujours eu envie d'être.
Je crois qu'au fond je suis juste devenue celle que je suis vraiment .
J'ai rempli mon cœur avec :
plus de tendresse et moins d'indifférence,
plus de tolérance et moins de jugement,
plus de folie et moins de peur,
plus d'amour et moins de haine,
plus de confiance et moins de doute,
plus de «pense à toi» et moins aux autres,
plus de «profite »et moins de « tu devrais pas ».
J'avais mis tout ce temps pour comprendre
que pour être heureuse, il fallait juste être en phase avec soi-même.

Moment présent

Aujourd'hui est mon jour préféré,
Hier est terminé,
Demain n'a pas commencé

S'affronter

Pour atteindre la victoire,
tu devras affronter tes faiblesses.
Faire la guerre contre toi-même

Réseaux

L'arnaque du siècle au royaume du paraître.
Quelle tristesse que de devoir mentir pour exister !
Le face à face révèle au grand jour votre véritable identité,
de bien haut vous pourriez tomber.
Quel drame, Mesdames !
Plus facile d'aborder, plus facile de concrétiser.
Prenez vos tickets !
Messieurs ont déjà commencé leurs marchés.
Mais rassurez-vous, il existe encore une communauté,
simple et naturelle, sans rien d'artificiel.
Alors sachez rester vous-même,
votre face cachée finie toujours pas être dévoilée.

7:15 am

Lève-toi chaque jour avec la détermination de vivre
la meilleure vie que tu puisses espérer.

Destin

Je suis persuadé que la vie à toujours fait en sorte
 de nous mettre au bon endroit, au bon moment.
Si on en manque un, il y en aura un prochain.
Nous sommes exactement là où nous devons être.
Ne forcez rien, les étoiles connaissent votre chemin.
La vie vous offre chaque jour une nouvelle aventure à découvrir
et elle s'appelle demain.

Localisation

Je n'ai jamais eu peur de rater un moment
et vous savez pourquoi ?
Je suis exactement ou je devrais être.

L'étincelle

Sachez qu'il ne faut pas jouer avec le feu,
Vous pourrez le lire dans mes yeux.

Mérite

Si tu veux :

De l'argent, il faudra le chercher.
De l'amour il faudra en donner.
De la confiance il faudra la gagner.
De la reconnaissance, il faudra persévérer.
Du courage, il faudra affronter.
De la loyauté, il faudra la prouver.

Folle enfant

Quand je suis heureuse, je ne le dis pas vous savez,
je hurle !

Femmes

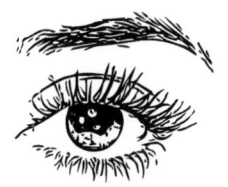

Je suis amante, je suis maman,
Je suis entrepreneuse, je suis confidente,
Je suis courageuse, audacieuse,
Je suis forte, je suis belle, je suis déterminée,
Intelligente, indépendante et drôle.
Je suis Julia, Manon, Charlotte, Sophie et Emilie.
Je suis Sandrine, Alison, Mélissa, Marjorie et Stéphanie.
Je suis Myriam, Ophélie, Claire, Carla et Vanessa.
Je suis Camille, Tiffany, Shirley, Caroline et Marie-Christine.
Je suis Mégane, Aurore, Chloé, Laura et Laetitia.

Je suis Alizée, Alexandra, Angélique, Angèle, Aurélie, Angeline, Ambre, Audrey,
Andréa, Amélie, Anaïs, Appoline, Andreia, Bérénice, Béa,
Corinne, Céline, Clara, Chiara, Catie, Carine, Célia,
Delphine, Dominique, Dina,
Estelle, Elodie, Eva, Esther, Erika, Emma, Eloise,
Flora, Flore, Gaelle, Gwenaelle, Gioia, Juliette, Julie, Jasmine, Jennifer, Jade,
Katherine, Kathleen, Lara, Lily, Leslie, Lisa, Lorraine, Leila, Lucile, Laurianne,
Marielle, Maeva, Mélody, Margaux, Marine, Marina, Manoa, Maryon, Ornella, Priscilla, Romane,
Sandra, Sabine, Salomé, Sabrina, Shannon, Soraya, Sophia, Shanen, Victoria, Virginie

...

En train d'écrire...

*Si tu as besoin de l'entendre alors je vais te le dire :
vis.
Et surtout entoure toi uniquement
des gens qui te rendent heureux,
le reste n'a pas d'importance.*

Manon